Simon Klein

Nous, les enfants de 1958

De la naissance à l'âge adulte

Éditions Wartberg

Mentions légales

Crédits photographiques :

Archives personnelles de l'auteur, pp. 6-7, 10-12, 14-15, 19h, 21-22, 24-25, 31, 33h, 35-37, 42, 46, 51, 53, 57, 59.

© Picture-alliance / dpa, pp. 27, 56 ; Picture-alliance / united archives, p. 26.

© Ullstein bild, pp. 5, 13, 23, 30, 38, 50, Ullstein bild – Imagno, p. 9 ; Ullstein bild – AKG Pressebild, p. 16 ;

Ullstein bild – Werner Otto, p. 18 ; Ullstein bild – Czechatz, p. 19b ; Ullstein bild – Fritz, p. 20 ;

Ullstein bild – dpa (85), p. 28 ; Ullstein bild – ADN-Bildarchiv, p. 29 ; Ullstein bild – Probst, p. 33b ;

Ullstein bild – NASA, p. 41 ; Ullstein bild – Interpress Paris (L), p. 44 ; Ullstein bild – bpk / Enger, p. 48 ;

Ullstein bild – Müller-Schneck, p. 49h ; Ullstein bild – Sven Simon, p. 49b ;

Ullstein bild – united archives, p. 52 ; Ullstein bild – dpa, pp. 54, 55, 60 ; Ullstein bild – Poss, p. 61 ;

Ullstein bild – Imagebroker.net, pp. 62-63.

© Roger-Viollet, pp. 4, 17, 39, 47, 58 ; Studio Lipnitzki / Roger-Viollet, p. 8.

Nous remercions tous les ayant-droits pour leur aimable autorisation de reproduction.
Dans le cas où l'un d'eux n'aurait pu être joint, une provision de droits est prévue.

Pour Élie et Lara.

4e édition, 2012

© Éditions Wartberg
40, rue de l'Échiquier
75010 Paris

Un département de
Wartberg Verlag GmbH &Co. KG.
Im Wiesental 1
34281 Gudensberg-Gleichen
Allemagne

Tous droits réservés pour tous pays.

Conception graphique : Ravenstein & partenaires, Verden.
Imprimé en Allemagne sur les presses de Thiele & Schwarz, Kassel.

ISBN : 978-3-8313-2558-0

Préface
Chers enfants de 1958,

Remonter à plus de cinquante ans dans ses souvenirs, afin de raconter une histoire personnelle qui « causerait » à toute une génération… Une gageure ? Une illusion ? Sans doute un peu des deux, tant il est vrai que cette mémoire, ces souvenirs qui nous sont si chers, se sont non seulement estompés avec le temps, mais ont en outre été « pollués » par les innombrables récits et images entretenus (cultivés) au sein de la famille ; refoulés pour certains, mythifiés pour d'autres. Et puis, évidemment, il y a tout ce que véhicule l'Internet, toute cette intimité exposée, parfois sans pudeur aucune, au gré des pages perso et des blogs. De quoi ne plus très bien faire la distinction entre ce qu'on a vécu et ce qu'on a sublimé.

Qui sommes-nous, nous les enfants de 1958 ? Rien qu'une génération, dans son sens le plus strict, le plus étroit, c'est-à-dire des individus qui n'auraient pour point commun que leur seule année de naissance ? Non bien sûr, ce serait trop banal, trop triste. Disons déjà que nous ne sommes pas de vrais baby-boomers, ces gens nés juste après la seconde guerre mondiale. Pour autant, c'était encore la France « d'antan », celle des colonies, du terroir, de la TSF et de la Traction avant (dont la production s'est arrêtée en 1957). D'un autre côté, c'était aussi celle des « Trente Glorieuses », des progrès de la technologie et de la consommation de masse ! Une charnière alors, une transition entre les derniers avatars d'un pays rural et les prémices d'une accélération fulgurante de l'histoire et des mentalités : la course aux étoiles (premier vol habité en 1961) ou la révolution informatique (premier circuit intégré en 1958).

Assurément, le siècle avait « basculé » dix ans auparavant. Nous n'en étions donc pas vraiment les enfants, mais plutôt, d'après la formule de Christiane Rochefort, les petits-enfants ; les porteurs de témoins, ceux à qui reviendrait la lourde tâche de franchir le millénaire sans trop d'encombres.

Simon Klein

1958-1960
Un avenir radieux

Les généraux Massu et Salan à Alger en juin 1958.

La tête dans les étoiles

Une naissance apparemment sans histoire, une après-midi de juin sous le signe des gémeaux. Ce fut longtemps la version officielle, qui faisait le *black-out* sur un accouchement qu'on disait alors « sans douleurs ». Bien plus tard, j'appris que tout n'était pas allé de soi. Les maternités multiples, entrecoupées de nombreuses fausses couches, rendaient

Chronologie

Janvier 1958
Début de la série policière « Les Cinq Dernières Minutes ». La France découvre le commissaire Bourrel et son fameux « Bon dieu, mais c'est bien sûr ! »

16 janvier 1958
À 12 h 15, Almiro Barauna prend en photo l'OVNI de Trindade Island (Brésil).

1er février 1958
Les États-Unis mettent en orbite leur premier satellite, *Explorer 1*, en réponse au *Spoutnik*, lancé avec succès par les Soviétiques l'année précédente.

13 mai 1958
Putsch d'Alger : les militaires français s'emparent du pouvoir. Sous les ordres du général Massu, un Comité de salut public s'empare du gouvernement général.

28 septembre 1958
Naissance de la Ve République. Les Français approuvent par référendum la nouvelle Constitution.

8 janvier 1959
Fidel Castro s'empare du pouvoir à Cuba. Avec ses guerilleros, il entre triomphalement dans La Havane.

23 juin 1959
Décès de l'écrivain Boris Vian. L'auteur de *J'irai cracher sur vos tombes* meurt à trente-neuf ans d'une crise cardiaque.

1er janvier 1960
Naissance du nouveau franc, qui vaut cent anciens francs.

4 janvier 1960
Décès d'Albert Camus dans un accident de voiture. L'auteur de *L'Étranger* et de *La Peste* avait reçu le prix Nobel de littérature en 1957.

13 février 1960
Première expérience nucléaire française : la France teste sa bombe A à Reggane, dans le désert algérien.

8 novembre 1960
À quarante-trois ans, le démocrate John F. Kennedy devient le trente-cinquième président des États-Unis d'Amérique.

Le dalaï-lama en exil en Inde (ici avec Nehru).

en effet nos mères non seulement plus fragiles, mais surtout plus inquiètes. Et même si les conditions sanitaires s'étaient spectaculairement améliorées, la mortalité infantile frôlait encore les 30 pour 1000 – un taux auquel parviendrait la Chine cinquante ans plus tard !

Les Chinois… Ils étaient 700 millions en 1958. Si j'étais né à Pékin, ç'aurait été sous le signe du chien. Mais on ne se souciait pas alors d'astrologie chinoise, pas plus d'ailleurs que du destin d'un jeune Tibétain qui s'apprêtait à franchir l'Himalaya pour fuir la dictature, et proclamait : « Il n'y a personne qui soit né sous une mauvaise étoile, il n'y a que des gens qui ne savent pas lire le ciel. »

De 0 à 2 ans

La « bonne étoile », ce fut d'abord cette image d'une maman et de quatre frères et sœurs, comme une haie d'honneur pour mon arrivée sur Terre. Me voici donc emmailloté dans des langes, prêt à affronter un été frais et pluvieux. Cette naissance serait fêtée comme il se devait : la famille au grand complet fut conviée à un repas dominical, sans oublier le ban et l'arrière-ban des cousins – y compris « issus de germains », au final une véritable petite tribu. Restait une question à résoudre : où réunir autant de monde ? Nous vivions alors dans un logement exigu et sans confort : espace restreint, eau froide, chauffage incertain, absence de salle de bains, toilettes dans la cour – somme toute, le quotidien de nombreuses familles mal logées.

À la clinique la famille est au grand complet pour accueillir le petit frère.

Des conditions spartiates qui allaient toutefois rapidement s'améliorer, mes parents s'étant lancés dans la construction d'une vraie maison. Une maison avec tout le confort, agrémentée d'une véranda et d'un jardin au centre duquel trônait, cerise sur le gâteau, un portique avec ses agrès au grand complet.

Pour l'heure, ce furent les grands-parents qui accueillirent la tribu. Allait-on boire du champagne ? Peut-être, même s'il faisait encore figure de produit de luxe, d'autant que l'année 1957 avait connu des gelées exceptionnelles.

Les pieds sur terre

Un an au compteur, ou presque. Oublié le logement exigu de ma naissance, ce fut dans une maison toute neuve que je fis mes premiers pas, maison avec une salle de bain, des toilettes et un chauffage central.

Il était donc écrit que j'entrerais de plain-pied dans un monde nouveau, bientôt débarrassé de la misère et des maladies. J'ai été allaité sur une période assez courte : ma mère s'en est assez vite remise au lait de substitution. Celui-ci s'était d'ailleurs largement imposé, malgré des résistances restées

Comme une image d'Épinal, le bonheur simple d'une maternité heureuse.

fortes, comme en témoignent ces quelques lignes extraites d'un ouvrage de puériculture datant de 1946 : « L'enfant au sein est rose, a les chairs fermes ; il est vigoureux. L'enfant au biberon est pâle, a les chairs molles, l'aspect soufflé. [Il est] prédisposé aux états morbides [et] toujours en imminence d'infection. » La méfiance à l'égard de comportements « antinaturels » serait de toute façon bientôt balayée par une foi presque aveugle dans le progrès.

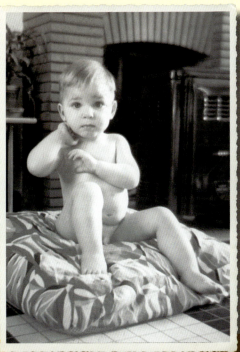

À un an, on maîtrise déjà la pose académique.

Mon père assurait alors seul le revenu du foyer : ma mère avait abandonné dès sa première grossesse son activité de coiffeuse, qui lui avait pourtant permis de s'émanciper assez jeune. En 1960, le salaire mensuel minimum se montait à environ 260 francs net. Une rémunération plutôt faible, qui ne correspondait cependant pas au salaire moyen (environ 500 francs), et connaissait en outre un fort taux de croissance. Reste que les prix, eux aussi, progressaient très rapidement (15 % pour la seule année 1958) : en 1960, la baguette coûtait 0,40 francs et le litre d'essence près de 6,50 francs.

De 0 à 2 ans

Boris Vian lors d'un cocktail au théâtre des Arts, à Paris.

Mon père avait été forcé par la guerre à arrêter ses études, et ses responsabilités familiales l'avaient contraint à trouver rapidement du travail. C'est ainsi qu'il devint éducateur, dans ce qui s'appelait encore peu de temps avant des maisons de correction. Malgré une certaine amélioration, les conditions de vie étaient rudes dans le milieu de l'éducation surveillée.

La guerre des mondes

Pendant que la France grelotte, là-haut, tout là-haut dans le ciel, tourne le grand manège de la guerre froide – glaciale même, à ces altitudes –, la ronde des satellites, le Spoutnik III *soviétique et les* Explorer *(1 à 4) américains. Piqués au vif par les succès remportés par les savants à l'étoile rouge, les États-Unis vont lancer pas moins de cinq satellites en l'espace de six mois, entre février et août 1958. Ils font ainsi la démonstration de leur capacité à aligner plusieurs lanceurs en un temps record, en l'occurrence la fusée* Jupiter*, dérivée d'un missile mis au point par l'ingénieur allemand Wernher von Braun, le concepteur du fameux V2.*

*Censé freiner l'inexorable progression des Alliés, le V2, « l'arme secrète » d'Hitler, n'a eu au final qu'un effet psychologique. Son pouvoir de destruction était en effet limité, notamment du fait de son imprécision. Qui se souvient que le premier V2 a été tiré de Belgique le 8 septembre 1944 en direction de Paris ? Il s'est abattu sur Maisons-Alfort, en banlieue (soit une erreur d'environ 10 kilomètres), où il a fait 6 morts et 36 blessés. Moins dramatique, le V2 a servi de modèle au dessinateur Hergé pour sa fusée lunaire, la X-FLR6. Ce prototype révolutionnaire, mis au point par le lunatique professeur Tournesol, n'a connu néanmoins qu'un succès éphémère : pour éviter qu'il ne tombe entre des mains étrangères, il a été détruit en vol (*Objectif Lune*, le seizième album des aventures du plus célèbre des reporters, a été publié en 1953).*

Home, sweet Home

Décembre 1959 : le premier vrai Noël auquel je participai activement, même si ma contribution à la décoration du sapin s'avèrerait finalement toute symbolique. Dans ma famille, cette fête magique n'avait pas de signification religieuse – sans pour autant perdre

Discours de Fidel Castro dans les années soixante.

De 0 à 2 ans

Comme un instantané de bonheur : qui, du petit frère ou de la grande sœur, est le plus heureux ?

de son importance. Je n'ai découvert que plus tard ces petits mondes miniatures que sont les crèches, avec une foule de personnages et d'animaux. Bien que tombée en très faible quantité cette année-là, la neige donna à l'événement une tonalité toute particulière. Elle servirait de matière première à un bonhomme, qui dut alors me paraître gigantesque… et peut-être même un peu inquiétant.

Petit dernier de la famille, je bénéficiais évidemment de la sollicitude des « grands », en particulier de ma sœur aînée, à qui furent dévolues de nombreuses tâches. Les filles devaient aider leur mère. En cela, les choses ne changeaient pas depuis des lustres. Mais après tout, jouer à la maman grandeur nature devait ravir une jeune fille de douze ans, élevée dans une famille plutôt conventionnelle, du genre « papa lit et maman coud ».

L'image d'un père chef de famille et d'une mère au foyer n'a alors rien de caricatural. Les femmes n'étaient en effet qu'un peu plus de 30 % à travailler en 1960. Et l'autorité maritale était inscrite dans la loi : jusqu'en 1965, elles ne pouvaient exercer une activité professionnelle sans le consentement de leur mari ! Mais ma mère ne s'en laissait pas conter : c'est elle qui tenait les cordons de la bourse.

Notre maison devint notre *sweet home*, un espace convivial qui accueillait pêle-mêle la famille, les amis et les voisins – sans compter les chats, récupérés dans la rue ou rescapés d'une portée pléthorique, qui allaient devenir nos animaux fétiches.

Les uns et les autres

Si la maison n'était pas une ruche à proprement parler, elle connaissait cependant une vie assez intense. Nous étions cinq enfants, et recevions régulièrement la visite de voisins, de parents et d'amis. Il y avait aussi les nouveaux collègues de mon père, dont la particularité était de parler anglais, ou encore, pour certains, d'être noirs ! On ne croisait pas beaucoup de personnes « de couleur » dans notre petite ville. Il s'agissait en l'occurrence d'Américains qui travaillaient sur la base militaire située à quelques kilomètres. Ainsi me reste-t-il l'image un peu brouillée de l'oncle « Cake », un noir gigantesque, pianiste de jazz à ses heures et d'une extrême gentillesse avec les enfants (d'où le surnom sans doute).

Une belle journée d'hiver. Installés sur le capot de la Frégate, on prend la pose... et on regarde ailleurs.

De 0 à 2 ans

La fréquence avec laquelle les voisins nous rendaient visite tenait aussi au fait que nous étions parmi les premiers à posséder une télévision. Comme il se devait, l'objet, massif et sombre, trônait dans le salon. Non plus balbutiante, mais encore dans sa période héroïque – les incidents techniques étaient encore fréquents –, la télévision s'était imposée dans notre vie quotidienne. Faut-il rappeler que le petit écran était alors en noir et blanc ? Je n'ai guère de souvenirs des émissions réservées aux grandes personnes, comme « Cinq colonnes à la une » (1959) ou « La Tête et les Jambes » (1960), qui ne risquaient pas de passionner un bambin en barboteuse ! En revanche, « La Vie des animaux » et « La Piste aux étoiles » ont très tôt imprégné ma rétine et ma mémoire.

Quand la maman se trouve derrière l'objectif... les garçons l'emportent sur les filles.

L'écrivain Albert Camus en janvier 1960.

Somme toute, la télé n'occupait qu'une petite partie de notre temps. Il n'existait qu'une seule chaîne en 1960, pour une diffusion quotidienne d'environ sept heures. C'était donc plutôt dans la chambre ou dans le jardin que je passais le plus clair de mon temps. En évitant les lieux strictement interdits – le garage bien sûr, qui recelait produits et outils dangereux, mais aussi la rue, pourtant anodine petite impasse où ne circulaient que bien peu d'automobiles.

De 0 à 2 ans

Pas de vagues et de l'eau jusqu'aux genoux... Jusqu'ici, tout va bien.

La mer au ciel d'été

La mer... une valeur sûre pour les grandes vacances. Et mes grands-parents venaient de s'installer sur le littoral atlantique. Une grande fébrilité s'emparait de nous à l'approche du départ : il s'agissait d'une véritable expédition, qui nécessitait plusieurs jours de préparation. Il fallait penser aux bagages évidemment, mais aussi à un repas froid pour le pique-nique, et à laisser la maison et le jardin dans un état acceptable. Quant aux 250 kilomètres à parcourir, ils s'effectuaient à petite vitesse, état du réseau routier oblige – il n'était pas rare de lanterner derrière un camion-tortue, qui crachait une fumée aussi noire que nauséabonde.

Même si la météo n'y invitait pas, il était hors de question de ne pas aller à la plage. Côté baignade en revanche, les restrictions étaient nombreuses, à commencer par ce fichu délai de digestion qui nous interdisait tout plongeon pendant trois heures après les repas ! Lorsque la mer était « grosse », mes parents se fiaient strictement à la couleur du fanion – c'est dire si le vert faisait partie de nos couleurs favorites.

Les toutes premières années, on bénéficiait d'une surveillance rapprochée, et on avait le plus souvent droit au sable sec. Lorsqu'enfin un grand m'accompagnait jusqu'au bord de l'eau, je laissais éclater ma joie en me jetant dans les vagues. Mise à part la baignade, mon activité préférée consistait à creuser le sable humide et à parsemer mon bout de plage de « pâtés » plus ou moins réussis. Mais j'étais tenu à bonne distance des châteaux et autres parcours sur lesquels mes frères alignaient billes, cyclistes et voitures miniatures. Quant au Club Mickey avec ses balançoires, ses toboggans et son trampoline, j'étais trop petit pour y être inscrit.

Il y avait aussi les longues promenades sur le front de mer, à l'heure où la plage se vidait – parasols que l'on replie, serviettes que l'on secoue, avant de s'enrouler dedans pour une ultime gymnastique consistant à retirer son maillot humide. Là encore, il me faudrait attendre un peu pour participer à cet étrange rituel.

Bien campé sur mes gambettes, le Dadar à portée de main, prêt à affronter les vagues de l'océan !

La guerre bactériologique

En 1958 est réédité un ouvrage de référence pour le monde médical : Maladies des nourrissons et des enfants, *du docteur Germain Blechmann. C'est à ce pédiatre qu'a échoué la terrible mission, en juillet 1942, de prendre en charge les enfants arrêtés lors de la rafle du Vel' d'Hiv et promis à la déportation.*

Après la guerre, de nombreuses maladies infectieuses guettent les jeunes enfants. La tuberculose continue notamment de sévir, tandis que la diphtérie, le tétanos ou encore la poliomyélite s'attaquent aux plus fragiles. Devenu obligatoire pour les enfants en 1950, le BCG a permis d'éradiquer un vrai fléau, qui avait causé plus d'un millier de décès dans la seule agglomération de Lille en 1945 !

Sont ensuite venus les vaccins antidiphtérique et antitétanique, en 1955, puis le vaccin antipoliomyélitique en 1964. Notre génération a gardé en mémoire cette véritable psychose d'une infection par le virus de la polio. Il n'était pas rare en effet, dans les années cinquante et soixante, de croiser des enfants frappés de paralysie, totale ou partielle, des membres inférieurs. La rumeur (corroborée par des études épidémiologiques) laissait entendre qu'on risquait de contracter la maladie en se baignant dans les rivières, souillées par les eaux d'égouts. Boire la tasse devenait aussi dangereux que d'avaler de la mort-aux-rats !

Entre 1958 et 1962, de nouveaux vaccins sont apparus contre les maladies infantiles : la rougeole, les oreillons et la rubéole (vaccin ROR), puis la varicelle en 1973.

Le général de Gaulle lors d'une conférence de presse.

La guerre des ondes

En cette fin des années cinquante, l'un des grands événements dans la vie d'une famille française est l'achat d'un téléviseur. Dix ans auparavant, on n'en dénombrait moins de 4 000, tandis que seuls 10 % du territoire étaient couverts par les émetteurs de la RTF (Radiodiffusion et télévision française, devenue ORTF en 1964). En 1960, plus d'un foyer sur trois est équipé. On le sait, l'arrivée de la télévision va bouleverser la vie des citoyens et influer sur leurs comportements. Elle devient l'une des principales distractions, en même temps que la « voix de la France », le porte-parole d'une propagande qui ne dit pas son nom. Adjoint au directeur de l'actualité, Pierre Sabbagh – il présenta le premier journal télévisé, le 29 juin 1949 – doit batailler ferme pour garder un tant soit peu d'indépendance. Lancé en janvier 1959, « Cinq colonnes à la une », premier documentaire d'investigation, doit faire face au contrôle et à la censure. Côté radio, ce n'est guère différent. Il s'agit d'abord de divertir, tandis que l'information, là aussi, reste très encadrée. Placée sous tutelle, France I (qui devient France Inter en 1963), pas plus que la télévision, n'a les coudées franches. Quant aux radios « périphériques » (qui émettent depuis des pays limitrophes), elles ne constituent pas à proprement parler un contre-pouvoir. Europe 1 toutefois, qui émet depuis la Sarre, se singularise par un ton nouveau. Son émission fétiche, « Salut les Copains » (1959), remporte un vif succès auprès des jeunes.

1961-1963

« Gendarmes », « rideau de fer » et « têtes de nègres »

Youri Gagarine, premier
cosmonaute soviétique.

Au fond du jardin… l'aventure

Les premières brumes de septembre annonçaient la rentrée des classes : les vacances s'étalaient presque jusqu'à l'automne. Souvenir d'un temps où, paraît-il, les enfants des campagnes participaient aux travaux agricoles, jusqu'à la cueillette des pommes et aux vendanges. Dans notre petite ville, la campagne n'était jamais très loin : on y voyait des enfants qui semblaient tout droit sortis de *La Guerre des boutons*.

17

De 3 à 5 ans

Chronologie

12 avril 1961
Premier vol spatial du cosmonaute Youri Gagarine. Premier homme à voyager dans l'espace, il effectue une révolution complète autour de la Terre.

23 avril 1961
Putsch des généraux d'Alger. Tentative avortée de coup d'État en Algérie, fomenté par les généraux Salan, Zeller, Challe et Jouhaud.

5 mai 1961
Premier Américain dans l'espace. L'astronaute Alan Shepard effectue un vol de quinze minutes.

12-13 août 1961
Afin d'empêcher la fuite de ses citoyens vers l'Ouest, la RDA entreprend la construction d'un mur au cœur de Berlin.

18 mars 1962
La France et le FLN signent des accords de cessez-le-feu, baptisés les accords d'Évian, qui ouvrent la voie à l'indépendance de l'Algérie.

5 août 1962
Marilyn Monroe, sex-symbol des années cinquante, est retrouvée morte dans son domicile californien.

11 octobre 1962
Ouverture du concile œcuménique Vatican II. Voulu par le pape Jean XXIII, il doit ouvrir l'Église catholique sur le monde.

14-28 octobre 1962
Soupçonnés de vouloir installer des missiles à Cuba, les Soviétiques déclenchent la plus grave crise entre l'URSS et les États-Unis.

15 juin 1963
Magasin de nouvelle génération, le premier hypermarché (commerce en libre-service), de l'enseigne Carrefour, ouvre à Sainte-Geneviève-des-Bois en région parisienne.

28 août 1963
« I have a dream. » Le pasteur noir américain Martin Luther King, militant des droits civiques, prononce un vibrant discours pour l'égalité.

22 novembre 1963
John F. Kennedy, le plus jeune des présidents américains, est assassiné lors d'un voyage officiel à Dallas.

On s'aventure hors des sentiers battus.

En grandissant je prenais de l'assurance, au point de franchir la ligne rouge que m'avait imposée ma mère – les limites du jardin. C'était un terrain d'aventures idéal, où je pouvais tout aussi bien jouer à Robin des Bois qu'au capitaine Nemo. Un pays des merveilles sans lapin blanc ni dame de cœur, mais avec un chat et une foule de petites bêtes extraordinaire – fourmis, chenilles, escargots et autres « gendarmes » (genre de punaise) – à qui je faisais subir d'inutiles et cruels traitements.

J'ai pu aussi, doucement, patiemment, étendre mon champ d'investigation jusqu'à la maison des voisins. Mais là, il fallait franchir le portail – autant dire, à l'échelle de notre modeste territoire, quelque chose comme le rideau de fer !

Le hasard faisant parfois bien les choses, dans la maison voisine demeurait un garçon de mon âge qui devint mon meilleur copain. Il fut ainsi facile de mettre en commun nos expériences, notamment dans le domaine zoologique. J'ai du mal à croire que nous ayons été, à l'époque, particulièrement sadiques avec les insectes. Sans doute notre éducation était-elle imparfaite dans ce domaine. On ne se souciait guère alors d'écologie, et toute cette faune minuscule était globalement qualifiée de nuisible. Il faudrait attendre de nombreuses années avant qu'une fourmi, un hanneton ou un ver de terre – pour ne pas parler des poux ! – deviennent des héros de littérature enfantine et de dessins animés.

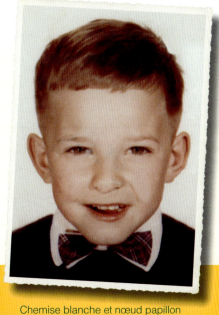

Chemise blanche et nœud papillon pour la première photo d'identité.

Berlin-Est : les militaires surveillent la construction du Mur.

De 3 à 5 ans

« Guerre scolaire » : match nul

La rivalité séculaire entre républicains et « calotins » avait trouvé un beau sujet d'affrontement : l'école. Au dogmatisme des uns répondait l'ordre moral des autres. Les lois Ferry de 1881-1882 avaient laïcisé l'école primaire, excluant du même coup les ecclésiastiques, qu'une précédente loi, la loi Falloux de 1850, avait maintenus à chaque échelon de l'administration scolaire. La guerre n'en avait toutefois pas cessé pour autant. Le parti catholique, notamment, continuait de dénoncer les méfaits d'un système qu'il soupçonnait de vouloir déchristianiser l'éducation.

Au lendemain de la seconde guerre mondiale, l'Église profita d'un regain de tolérance du camp laïc pour faire valoir ses revendications. Plus d'une décennie de négociations permirent d'aboutir à un texte controversé mais assez consensuel : une loi votée le 31 décembre 1959, initiée par le Premier ministre de l'époque Michel Debré, dont l'intitulé exact est « Loi sur les rapports entre l'État et les établissements d'enseignement privé ». Elle devait servir de cadre à un règlement global et durable de cette question épineuse. On reconnaissait la diversité dans l'éducation, tout en rapprochant les positions sur l'enseignement. Les protestants et les juifs, rassurés par la laïcité de l'école publique, y adhérèrent massivement.

La médaille et le piquet

Mais la grande aventure de l'époque, c'était bien sûr l'entrée à l'école maternelle. Au début des années soixante, moins d'un enfant sur deux âgé de trois ans est scolarisé. Les mamans sont encore très majoritairement au foyer (près de 70 %), ce qui sous-entend qu'elles ont le temps de s'occuper de leurs chérubins. Je ne saurais trop dire pourquoi mes parents avaient choisi de me scolariser, peut-être pour accorder un répit à ma mère.

Pour la première journée, comme beaucoup d'entre nous, je n'ai pas spécia-

Les familles nombreuses sont la norme.

Parfois, on se dit que petits ou grands, il y a des jours où l'on aurait préféré se trouver ailleurs.

lement pleuré ni agrippé ma mère. L'école était trop loin pour que je rentre déjeuner, mais la longue journée de classe était heureusement entrecoupée de siestes et de récréations. J'ai, un jour, fini une course poursuite (un « chat perché » qui avait mal tourné) la tête dans le mur… La course s'était soldée par une belle plaie au cuir chevelu, du sang plein ma jolie blouse, des torrents de larmes chaudes et salées et mes premiers points de suture.

Nous étions regroupés dans une unique et vaste pièce, qui faisait office de salle de classe, de réfectoire et de dortoir. Nous partagions notre temps entre activités manuelles (coloriage, découpage), chant et lecture d'images, cette dernière activité donnant lieu à des histoires extraordinaires et à de belles échappées oniriques. Il y avait aussi la gymnastique et les innombrables jeux de groupe, à commencer par l'indétrônable chandelle et son petit mouchoir. On pouvait se retrouver au piquet, ou au contraire être gratifié d'une médaille que l'on accrochait fièrement à sa blouse le samedi, à l'heure de la sortie (jusqu'en 1969, le samedi, y compris l'après-midi, était un jour de classe).

De 3 à 5 ans

Nouvelle Vague

Si, au début des années soixante, la création télévisée reste frileuse et très largement contrôlée, il n'en va pas de même avec le 7e art. Lancée en 1958 par la journaliste Françoise Giroud, l'expression « Nouvelle Vague » désigne d'abord un phénomène sociologique. Elle est cependant très vite associée à une nouvelle génération de cinéastes qui, à l'image de François Truffaut et de Jean-Luc Godard, ont choisi de rompre brutalement avec la tradition et l'académisme.

Loin du mélo convenu ou de la fresque historique interminable et barbante, Les Quatre Cents Coups de François Truffaut et Hiroshima mon amour d'Alain Resnais (1959), puis À bout de souffle de Jean-Luc Godard (1960), mêlent tendresse et violence, sensibilité et cynisme, fraîcheur des sentiments et cruauté des paroles et des actes. C'est un cinéma vif et impulsif, qui traduit en images les sentiments d'une société en ébullition, mise en pièces par la plume acérée d'une Marguerite Duras ou d'une Françoise Sagan – cette dernière étant devenue l'icône de la jeunesse affranchie.

On s'en doute, certains se sont empressés de condamner ce mouvement de renouveau dont les détracteurs ne furent pas rares. Claude Lelouch, notamment, ne fut pas tendre envers la Nouvelle Vague, à qui il ne reconnut aucune véritable originalité créatrice. Ironie de l'histoire, son film à succès Un homme et une femme, sorti en 1966, devint (à tort ou à raison) l'une des œuvres phares de la Nouvelle Vague.

Vinyles, TV et cinéma

Finir l'école le samedi après-midi raccourcissait d'autant le week-end. Une bonne raison pour profiter au maximum de ce temps libre, en attendant la coupure du jeudi. La différence d'âge avec mes frères et sœurs ne m'empêchait pas de jouer avec eux. C'était même plutôt chouette, même si mes frères avaient naturellement tendance à

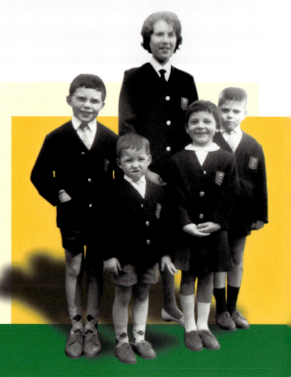

Oxford ? Cambridge ? Filles ou garçons, on avait fière allure avec nos blazers et nos écussons.

Marilyn Monroe lors de son mariage avec l'écrivain Arthur Miller en 1956.

profiter de leur position de mâles dominants. Un penchant qui s'accentuait lorsqu'ils avaient essuyé les réprimandes de ma mère, qui s'en prenait généralement à eux lorsqu'ils n'avaient pas été très gentils avec moi.

Ma sœur aînée jouissait du privilège d'avoir sa propre chambre. Si l'entrée ne m'en était pas interdite, du moins était-elle strictement contrôlée : sa présence était obligatoire, et je ne devais toucher à rien sans sa permission ! Outre ce que l'on trouvait d'ordinaire dans la chambre d'une jeune fille, elle possédait son propre tourne-disque ainsi qu'une collection de vinyles. C'était l'époque faste de l'émission de radio préférée des *teenagers*, « SLC Salut les Copains », et du magazine éponyme qui fut publié à partir de 1962. Il y avait là les 45 tours les plus en vogue, ceux de Johnny Hallyday, de Sylvie Vartan ou des Chaussettes noires, mais aussi de Sheila et de Nana Mouskouri (la chanteuse aux grosses lunettes), qui venaient de sortir leurs tout premiers disques.

La télévision occupait une bonne partie des soirées familiales. Bambin, il était rare que j'aille au-delà de « Bonne nuit les petits », les quelques minutes d'antenne au cours desquelles un gros ours et son compère, le marchand de sable, souhaitaient de beaux rêves aux enfants. Pourtant, mes frères et sœurs montaient souvent peu de temps après moi dans leur chambre, surtout si l'écran affichait un méchant carré blanc signalant que le film comportait des « scènes sexuelles » (en réalité souvent la simple apparition d'un corps féminin nu).

Côté 7e art, une petite salle de province ne pouvait évidemment pas rivaliser avec les cinémas parisiens. On y projetait surtout des films grand public, mais néanmoins de qualité, comme *Les Sept Mercenaires*, *La Guerre des boutons*, ou encore le très populaire *James Bond 007*. Peut-être aussi *Jules et Jim*, de François Truffaut, *Lolita*, de Stanley Kubrick (qui fit alors scandale) et *Le Mépris*, de Jean-Luc Godard ; des œuvres qui ne pouvaient intéresser qu'un public « averti » et peinaient à être diffusées au-delà du circuit des salles parisiennes.

De 3 à 5 ans

« Y'a bon… Banania »

De ces années de la petite enfance, il me reste surtout des souvenirs olfactifs : parfums, arômes et fumets, mais aussi relents, puanteurs et pestilences. Côté plaisirs, il y a d'abord (évidemment) la douce odeur de ma maman, mélange subtil de savon, de transpiration et d'eau de toilette. Une maman-gâteau aussi, qui trouvait toujours le temps de confectionner des douceurs, parmi lesquelles les fabuleuses « têtes de nègres », des meringues aux chocolat pour lesquelles on se serait damnés ! Je me souviens d'avoir eu la peur de ma vie, lorsque, descendu à la cuisine en catimini et dans le noir, j'ai croisé une ombre gigantesque et effrayante, qui s'est avérée être celle d'un de mes frères, attiré lui aussi par l'odeur du chocolat chaud ! La liste des arômes qui enchantaient alors la maison serait longue : le café, qu'il fallait moudre à l'aide d'un moulin manuel ;

Une après-midi à la plage : sans doute l'un des souvenirs les plus chaleureux de l'enfance.

La terrasse n'est pas terminée, mais rien n'empêche d'aller profiter d'un soleil généreux.

le chocolat du matin (ou du goûter), lentement mélangé au lait cru ; les poulets rôtis, blanquettes et autres recettes en sauces que ma mère trouvait dans le magazine *Nous Deux*, ou dans l'émission culinaire « Art et magie de la cuisine » présentée par le chef Raymond Oliver et la plus populaire des speakerines, Catherine Langeais.

Mais il y avait aussi le côté obscur de toutes ces effluves, la longue liste des odeurs désagréables, voire insupportables. À commencer par la fosse septique, qu'il fallait souvent faire vidanger, ce qui rendait irrespirable l'atmosphère dans et autour de la maison. Le chauffage au fuel, aussi, me donnait parfois la nausée. Sans oublier les mares et les bras morts des cours d'eau, où pourrissait parfois quelque charogne… Il y avait aussi la ferme où l'on allait chercher le lait ; la tata un peu vieille et négligée, qui cherchait toujours à nous prendre dans ses bras et à nous embrasser ; ou encore l'huile de foie de morue et les dragées vermifuges (là, c'était plutôt le goût), que l'on nous administrait « pour notre bien ». Sans doute étions-nous habitués à vivre dans un environnement qui n'avait pas encore été aseptisé à coup de détergents et de désodorisants. Mais il paraît qu'à cette époque-là, les roses fraîchement coupées sentaient encore la rose.

De 3 à 5 ans

L'Oncle Sam, les communistes et les extraterrestres

En ce dimanche ensoleillé de juin, on se bouscule dans la maison. Les amis et la famille quasiment au grand complet ont envahi le salon, la véranda et le jardin. Sur la table, des produits inimaginables, voire carrément exotiques, dans la plupart des foyers français du début des années soixante : de grandes tranches de pain de mie, du sirop d'érable, du beurre de cacahuète, des litres de crème glacée… L'*american way of life* s'était invitée chez nous, privilège d'avoir un père employé par l'armée américaine, et qui de surcroît ressemblait à John F. Kennedy en personne (c'est du moins ce que je pensais). Je garderai d'ailleurs toujours le souvenir douloureux de ce samedi de novembre 1963, lorsque l'on apprit par la télévision la mort violente d'un homme que j'appelais « papa » lorsqu'il apparaissait à l'écran.

À l'époque, il est vrai, mes parents commençaient à envisager sérieusement de s'installer aux États-Unis. Le général de Gaulle ne faisait plus mystère de sa volonté de se retirer de l'OTAN, hypothéquant par là-même l'avenir des bases américaines en France. Que pouvait bien représenter l'Amérique pour un gamin

John F. Kennedy et sa petite famille.

Martin Luther King et sa femme lors du démarrage du boycott des bus appliquant la ségrégation.

de cinq ans et demi ? Les cowboys et les Indiens, assurément des histoires extraordinaires liées à la conquête de l'Ouest et de l'espace ; et puis une grande maison, une grosse voiture et d'interminables parties de baseball…

Dans le même temps, on entendait parler d'un cataclysme imminent, une fin du monde sur fond d'holocauste nucléaire. Les extraterrestres s'invitaient dans les discussions et les jeux d'enfants, comme s'ils avaient déjà pris leurs quartiers sur notre planète. Mais il ne s'agissait plus seulement de petits hommes verts venus en soucoupe volante. Ils étaient désormais parmi nous : ils avaient pris forme humaine ! Un film anglais, *Le Village des damnés*, sorti en 1960, exploitait ce filon avec talent. Quelques années plus tard, en 1969, l'architecte David Vincent allait tenter désespérément de convaincre ses semblables que les envahisseurs avaient insidieusement infiltré la Terre pour la coloniser…

La visite en France de « Monsieur K »

En 1960, Nikita Khrouchtchev, premier secrétaire du Parti communiste d'URSS (parfois surnommé « Monsieur K »), effectue une visite remarquée en France. Son geste anecdotique et médiatisé – un passage à la Maison de Lénine, à Longjumeau, en présence de Maurice Thorez et de Jacques Duclos, les dirigeants historiques du PCF – ne doit pas faire illusion. Il s'agit pour les Soviétiques de tester la France, qui mène alors la fronde au sein de l'OTAN.

Plusieurs décisions du président français laissent en effet penser que Paris pourrait devenir le maillon faible de l'Alliance atlantique. Charles de Gaulle a notamment clairement signifié aux États-Unis son refus d'installer des ogives nucléaires sur le territoire de la République (la France vient alors d'expérimenter avec succès sa propre bombe atomique).

Moscou s'est-il imaginé que les dissensions dans le camp occidental lui laissaient les mains libres ? Le fait est que plusieurs décisions, dont quelques-unes lourdes de conséquences pour l'équilibre planétaire, sont prises presque coup sur coup, parmi lesquelles la construction du mur de Berlin (août 1961) et le déploiement de fusées à Cuba (octobre 1962). Le monde s'est-il alors retrouvé au bord d'une troisième guerre mondiale ? Ce qui est sûr, c'est que le « mur de la honte » allait devenir, pour près de trente ans, le symbole d'une Europe déchirée et apparemment irréconciliable.

Cuba, novembre 1962. Les Soviétiques rapatrient les missiles responsables de la crise.

1964-1968
Sous le signe de la révolution

Émeutes à Saigon lors de la guerre du Vietnam, en 1964.

« Happy Birthday ! »

Cet anniversaire-là s'annonçait vraiment exceptionnel. Six ans ! Un âge enfin respectable – ils allaient voir ce qu'ils allaient voir dans la cour de récréation – et les promesses de lendemains merveilleux. Pourtant, la fête fut presque gâchée par un malencontreux accident de bicyclette (bilan : une ou deux dents cassées, la chemise blanche éclaboussée de sang, les larmes… et les caresses réconfortantes d'une maman bienveillante).

De 6 à 10 ans

Chronologie

28 mai 1964
Création de l'Organisation de libération de la Palestine (OLP), qui représente les 4,5 millions de Palestiniens dispersés dans différents pays arabes suite à la création de l'État d'Israël en 1948.

7 février 1965
Afin d'endiguer l'expansion communiste en Asie, les États-Unis s'engagent dans la guerre au Vietnam, en bombardant le Vietnam du Nord.

26 novembre 1965
En mettant en orbite son premier satellite, la France devient la troisième puissance spatiale mondiale.

7 mars 1966
Le général de Gaulle annonce officiellement le retrait de la France de la structure militaire de l'OTAN. Il demande aux États-Unis d'évacuer leurs bases situées sur le territoire français.

8 août 1966
Début de la Révolution culturelle en Chine. Elle permet au président Mao, critiqué pour ses échecs sur le plan économique, de reprendre le pouvoir.

18 mars 1967
Naufrage dans la Manche du superpétrolier *Torrey Canyon*. Chargé de 120 000 tonnes de pétrole brut, il provoque la première catastrophe écologique majeure dans l'histoire du transport maritime.

5-10 juin 1967
Guerre des Six Jours entre Israël et ses voisins arabes : en remportant une victoire éclair, l'État hébreu annexe Jérusalem-Est et de nombreux territoires.

Avril 1968
Début du Printemps de Prague. Les communistes réformateurs lancent une révolution qui sera écrasée par les chars soviétiques en août.

4 avril 1968
Martin Luther King, le leader de la communauté noire américaine, est assassiné à Memphis.

3 mai 1968
Début de la crise étudiante de Mai 68. Dans la nuit du 10, des émeutes secouent le Quartier latin à Paris.

La marée noire entraînée par le naufrage du *Torrey Canyon* a atteint les côtes françaises.

Cadeaux et friandises firent rapidement oublier l'incident. Les cowboys et les Indiens en plastique ne pouvaient peut-être pas rivaliser avec les soldats de plomb du grand-père militaire, blessé de guerre et ancien de l'armée d'Orient. Ils offraient toutefois l'énorme avantage de se prêter à tous les scénarios – quand les autres restaient figés dans leur allure martiale et leurs uniformes surannés – et de pouvoir rejouer en chambre les plus belles aventures de « Rintintin », la série télévisée plébiscitée par les copains. Ou encore « La Flèche brisée », western qui a pour héros Cochise, chef de la tribu apache des Chiricahua – un nom magique !

J'avais évidemment invité quelques

La mer, décidément, on ne s'en lasse pas. Des baignades qui s'éternisent, le bonheur assuré.

garçons du voisinage. À commencer par le plus proche, véritable *alter ego*, avec qui j'avais déjà eu l'occasion de comparer les vertus réciproques d'un Robin des Bois ou d'un Buffalo Bill. Il nous était en effet naturel de mélanger les figurines, les époques et les histoires, au point qu'au milieu de certaines batailles pouvaient émerger, ici ou là, des coureurs cyclistes !

Retransmis à la télévision, le Tour de France nous passionnait presque autant que les adultes. Le duel « homérique » entre Jacques Anquetil et Raymond Poulidor tenait la France en haleine, le premier parvenant toujours, parfois *in extremis*, à conserver son maillot jaune. Le tas de sable à l'entrée du jardin se prêtait assez bien à l'aménagement d'une piste, sur laquelle nous disposions nos figurines – des coureurs aux maillots bigarrés, penchés sur leur guidon (avec quelques exemplaires en métal hérités de la génération précédente). C'était toutefois l'été, sur la plage de sable fin, que la compétition prenait sa véritable dimension, quand le peloton s'élançait groupé à l'assaut d'une montagne, qui tenait plus de la Tour de Babel que du Puy de Dôme.

Photo d'un petit écolier modèle, visiblement ravi qu'on lui tire le portrait.

 De 6 à 10 ans

La secte des « Tupperwomen »

Qui, dans la génération des baby-boomers, n'a pas gardé en mémoire ces réunions organisées à la maison ou chez les voisins ; ces jeunes femmes, généralement pimpantes, regroupées autour d'un thé, de petits gâteaux et de boîtes en plastiques multicolores ? Pour sûr une étrange religion, dont les adeptes permanentées font cercle autour de bols, gobelets et autres raviers en polyéthylène.

Les « réunions Tupperware », du nom du créateur de cette ligne de récipients révolutionnaires (le chimiste Earl Tupper lance en 1938 la Tupper Plastic Company) ont fait fureur aux États-Unis au début des années cinquante, avant de gagner l'Europe. Le concept de vente est d'une efficacité redoutable : ce sont les femmes au foyer elles-mêmes qui font la promotion du

produit ! Des récipients hermétiques, étanches, fabriqués dans un matériau résolument moderne, censés préserver la fraîcheur et la qualité des aliments. En France, le prix des réfrigérateurs connaît alors une baisse importante, facilitant l'équipement des ménages (on vend dix fois plus d'appareils en 1960 que deux ans auparavant). On assiste ainsi à une véritable révolution alimentaire, qui envoie aux oubliettes toutes les autres méthodes de conservation. On vante les mérites de ces boîtes miracles qui trouvent naturellement leur place dans le frigo. Quant aux fameuses réunions, elles sont aussi l'occasion pour les femmes d'aborder des sujets plus intimes, et il est parfois question d'un autre matériau révolutionnaire : le latex.

« Donne-moi ta main… et prends la mienne »

Six ans donc et (presque) toutes ses dents. L'école primaire se trouvait en centre-ville, et c'était le voisin qui nous y emmenait. Entrepreneur, il était le seul du quartier à posséder une DS19 Citroën (ma famille roulait alors en Renault Dauphine). Une auto magnifique, carénée, profilée, rutilante, dans laquelle il n'était évidemment pas question de mal se tenir. La carrure et le sérieux du monsieur ne laissaient de toute façon guère le choix – lui, en revanche, se laissait aller à fumer le cigare.

La blouse réglementaire, le sac de classe, les cheveux coupés courts et la raie sur le côté : il était bien difficile pour les garçons de se distinguer. Idem chez les filles, qui pouvaient toutefois jouer un peu sur leur coiffure. Les maîtresses, de leur côté, avaient adopté un profil similaire, comme s'il avait été impensable de se risquer à quelque originalité. Ainsi Sheila pouvait-elle bien chanter « L'École est finie » en twistant sur un pupitre, nos instits affichaient souvent un

Toujours entouré et chouchouté par des femmes.

air sévère, si ce n'est revêche. Les méthodes éducatives allaient de pair (les gifles n'étaient pas rares), ce qui ne nous a toutefois pas empêché de conserver des souvenirs émouvants, voire troublants. Comment en effet ne pas avoir été durablement marqué par cette femme mûre en tailleur strict, qui punissait les élèves dissipés en les installant… sous son bureau ! Pendant ce temps-là nos mères, aveuglément confiantes en l'institution, s'adonnaient innocemment à leurs réunions Tupperware.

Une fois l'école terminée, on rentrait à pied, frères et sœurs, copains et copines, petite troupe qui s'attardait sur un chemin buissonnier plein de surprises, des meilleures – Malabars, Carambars, boîtes de coco et autres roudoudous (ces extraordinaires bonbons au sirop coulés dans des coquillages) – aux plus désagréables, comme quand on se retrouvait piégé sur le quai par l'affreux du quartier et sa bande, bien décidés à en découdre. Il fallait alors faire front, accepter bon gré mal gré de jouer des poings et des pieds, quitte à rentrer à la maison en retard, le cheveu en bataille et un œil au beurre noir. Commençait alors une autre épreuve, bien plus terrible, celle qui consistait à affronter l'ire des parents.

Portrait de Mao Zedong, chef du Parti communiste chinois, en 1966.

De 6 à 10 ans

Pour adultes avec réserve

La question de la censure à la télévision fait son apparition en France au début des années soixante, au moment où la vente de postes récepteurs prend son essor. Pour les pouvoirs publics, il convient de prendre le contrôle du petit écran. Si les questions militaires (l'Algérie) et l'image de la France sont étroitement surveillées par la RTF, celle-ci s'inquiète aussi du contenu des œuvres de fiction, notamment celles destinées à la jeunesse. Ainsi n'hésite-t-on pas à parler de pornographie lorsqu'un sein ou une fesse transpercent l'écran ! L'Église exige – et obtient, via la Centrale catholique du cinéma, de la radio et de la télévision – d'être en première ligne de ce « combat ». C'est ainsi que pour venir en aide aux parents, est créée une signaléti-que spécifique – le carré blanc, placé en bas à droite de l'écran, devenu rectangle blanc en 1964 –, censée leur permettre d'éviter les émissions dangereuses. Le Conseil supérieur de la RTF déclarait alors : « Resteront aux parents deux solutions : fermer le poste de télé à clef ou se faire obéir. »
Mais en stigmatisant ainsi certaines œuvres, les censeurs ont eux-mêmes créé un effet pervers. Les réalisateurs étaient ainsi moins enclins à couper leurs films, tandis que les parents pouvaient être incités à préférer un programme interdit aux enfants – donc particulièrement inté-ressant pour les adultes...

Un long dimanche à la campagne

Avec mes frères et sœurs, on s'y préparait des jours à l'avance – psychologi-quement s'entend, puisqu'on ne savait jamais vraiment ce qui nous attendait. Un dimanche dans la famille pouvait en effet se présenter sous les meilleurs auspices, mais aussi être d'un ennui mortel, voire s'avérer franchement angois-sant.

Le lieu augurait déjà de ce qui se tramait : le petit appartement de la tante Henriette, qui sentait le vieux et le renfermé, et où je devais me satisfaire de gâteaux secs et de jouets Bonux (qui présentaient au moins l'avantage de sen-tir la lessive), était carrément anxiogène. La mamie n'était pas avare de friandi-ses, mais assez revêche et parfois même méchante. Quant au papi, rescapé des camps nazis, le malheureux était devenu totalement impotent, l'œil vitreux et intubé de partout – une image assez terrifiante pour un enfant. La télévision, heureusement, venait parfois égayer une journée un peu morbide.

À l'autre extrémité du spectre, il y avait le « tonton gâteau », pâtissier de son état, un monsieur goguenard qui nous gavait de croissants chauds et croustillants. Il y avait surtout le « château », vieille bâtisse mal entretenue, entourée d'un parc immense. Certes, l'endroit pouvait être lugubre, mais aussi délicieusement excitant. S'y retrouvaient plusieurs familles plus ou moins cousines et une tripotée d'enfants. En été, les goûters dans le jardin, sur des tables en osier disposées le long des bambous, étaient magiques.

Quand, adolescent, j'ai découvert l'univers onirique et féérique du *Grand Meaulnes*, j'ai cru retrouver l'éblouissement de mon domaine mystérieux, cette ambiance de fête perpétuelle, de grande agitation, y compris la nuit. Car tout le monde semblait préférer courir après quelque chose ou quelqu'un – ombres, fantômes, ectoplasmes, dames blanches, que sais-je encore – plutôt que dormir. Toute cette cavalcade me laissait perplexe, et me ravissait en même temps. Il y avait aussi les grandes balades, les cabanes dans les arbres, le salon rempli d'objets exotiques et les albums de Tintin…

Quand le photographe vient troubler le plaisir d'une lecture en belle compagnie.

Les seins de Brigitte

Que le carré blanc ait été transformé en rectangle n'y changea rien : son incrustation au bas de l'écran signifiait une longue soirée de frustration. Il arrivait cependant qu'on parvienne temporairement à contourner l'interdiction, en jouant sur les sentiments ou en faisant front commun. C'est ainsi que mon plus ancien souvenir d'une poitrine dénudée sur petit écran, en l'occurrence celle de la mythique B.B., remonte à mes six ou sept ans. S'agissait-il du fameux *Et Dieu… créa la femme*, le beau

De 6 à 10 ans

Classe de CM2. Que des garçons. Au programme : la France, cher pays de mon enfance…

film de Roger Vadim voué aux gémonies par l'office catholique ? Toujours est-il que cette vision ne devait plus me quitter. Désormais, la quête de cet obscur objet du désir occuperait durablement mes pensées.

Les occasions, on s'en doute, n'étaient pas légion. C'était en effet une époque où la pudeur et les interdits rendaient la chose difficile et périlleuse. Dans le même temps, le plus petit succès résonnait comme une grande victoire. Les magazines pour adultes étaient rares – le premier numéro de *Lui*, le « magazine de l'homme moderne », avec sa fameuse fille nue au centre, fut publié en novembre 1963. Ils s'échangeaient sous le manteau, et certains élèves prenaient le risque insensé (mais calculé) d'en apporter à l'école.

La chance allait me sourire une première fois en la personne de Brigitte, une jeune cousine de ma mère, qui vint passer quelques temps à la maison. Je me demande encore comment j'ai pu alors surmonter ma peur, pour me cacher derrière un large fauteuil et assister, après une attente interminable, à une séance de déshabillage.

La seconde fois, ce fut à l'occasion d'une de ces longues promenades qu'organisait l'école en fin d'année. Nous avions parcouru une distance fort respectable sous le soleil – « un kilomètre à pied, ça use, ça use… » – avant de faire une halte bienfaisante dans une ferme. M'étant éclipsé quelques instants avec un ou deux copains, je fus témoin d'un spectacle troublant, celui d'une jeune femme ronde à la peau délicieusement rosée, le buste généreusement dénudé, qui s'éclaboussait joyeusement au-dessus d'un abreuvoir.

Sous les pavés…

Je sentais bien qu'il se tramait quelque chose. Mon père s'absentait pour de longues périodes, laissant la famille quelque peu désemparée. Mes parents en étaient même venus aux mains lors d'une altercation à propos d'un déménagement en Allemagne.

Du haut de mes dix ans, l'Allemagne faisait figure de repoussoir ultime. Ce pays n'était-il pas synonyme de guerre, de déportation et de souffrance – notre bibliothèque renfermait le terrible ouvrage de Christian Bernadac, *Les Médecins maudits*, qui relatait les expériences menées par des nazis dans les camps.

Les éléments aimant parfois se télescoper, il s'est avéré que notre départ coïncida presque exactement avec l'explosion étudiante de Mai 68. La télévision diffusait ces images extraordinaires de manifestations parisiennes, qui voyaient s'affronter jeunes et forces de l'ordre – pavés et lance-pierres contre lacrymogènes et grenades assourdissantes ! Le très médiatique Daniel Cohn-Bendit s'amusait à ridiculiser les autorités françaises tout en lançant des slogans

La taille du gâteau d'anniversaire était-elle proportionnelle au nombre de bougies ?

De 6 à 10 ans

Barricade dans le Quartier latin à Paris, le 17 mai 1968.

percutants : « Nous sommes tous des juifs allemands. » Mes parents, plutôt conservateurs, exprimaient leur désapprobation. Mon père notamment, qui s'était plaint de ce que les syndicats ne soient pas intervenus dans l'évacuation des bases américaines, s'était rangé sans hésitation dans le camp gaulliste – ce même général de Gaulle, anti-atlantiste et européen modéré, qui lui avait retiré son gagne-pain !

C'est ainsi qu'avec quelques jours de décalage, ma famille et le général gagnaient la patrie de Goethe – craignant de perdre le contrôle des événements, de Gaulle choisit de rejoindre Baden-Baden le 29 mai –, lui en hélicoptère, nous en Renault 16. Je ne savais pas alors qu'une nouvelle ère commençait, pour moi et pour le monde.

La une de L'Aurore le 27 août 1968 : la Tchécoslovaquie envahie par les chars soviétiques.

À bas l'ennui !

En ce printemps 1968, la France s'ennuie. Dix ans déjà que le « vieux » (de Gaulle) est aux manettes, et maintient le pays dans une torpeur anesthésiante. Le 3 mai, lorsque les étudiants qui occupent la Sorbonne sont délogés par la police, une grande colère éclate. Tous les ingrédients sont réunis pour faire des revendications de la jeunesse un cocktail explosif : le contexte international (guerre du Vietnam, Printemps de Prague en Tchécoslovaquie, manifestations pour les droits civiques aux États-Unis…), les verrouillages tous azimuts (médias sous contrôle, syndicats muselés…), la chape de moralité qui étouffe une société jeune (les enfants du baby-boom), avide de rock'n'roll et de libération sexuelle.

Sur les murs fleurissent des slogans, qui dénoncent tous la censure, la manipulation et la désinformation : « la police à l'ORTF, c'est la police chez vous », « la police vous parle tous les soirs à 20 h »… Si la télévision diffuse quelques images des épisodes violents du Quartier latin (généralement sans le son), elle préfère néanmoins s'éterniser sur les longues files de véhicules aux postes à essence. Le 10 mai, l'émission « Panorama », très appréciée des Français, qui s'apprêtait à donner la parole aux acteurs du conflit, est interdite quarante-cinq minutes avant sa diffusion !

Au final, c'est la radio qui va jouer le rôle de média « révolutionnaire » – RTL notamment, que la police surnommait « radio émeute » – en ouvrant son antenne aux jeunes.

De 6 à 10 ans

1969-1972 Pour en finir avec le vieux monde

On a marché sur la Lune

Quand je ne jouais pas avec mes frères ou les copains, je passais de longues heures plongé dans les aventures de Tintin. Devant le capitaine Haddock en apesanteur, intimant à son whisky (une boule dorée, elle aussi en suspension dans la cabine) de regagner son verre, il y avait de quoi être dubitatif. Et pourtant l'histoire semblait crédible à un gamin comme moi. Les adultes en revanche réagissaient avec un air un peu entendu, quand ce n'était pas avec du mépris.

Ainsi, quand le 21 juillet 1969 l'astronaute Neil Armstrong posa le pied sur le sol lunaire en prononçant sa phrase mythique (« C'est un petit pas pour l'homme, mais un bond de géant pour l'humanité »), tous les tintinophiles de la planète Terre se sont souvenu du jeune reporter qui, parvenu au pied de la fameuse fusée au damier rouge et blanc, déclarait : « Ça y est !... J'ai fait quel-

Chronologie

16 janvier 1969
L'étudiant Jan Palach s'immole à Prague pour dénoncer l'intervention des chars soviétiques le 21 août 1968.

28 avril 1969
Désavoué lors du référendum sur la régionalisation, de Gaulle se démet de ses fonctions. Il décède six mois plus tard.

15 juin 1969
Georges Pompidou, l'ancien Premier ministre du général de Gaulle, devient le deuxième président de la Ve République.

21 juillet 1969
Cinq jours après son lancement, le module lunaire de la mission Apollo 11 se pose dans la mer de la Tranquillité : Neil Armstrong est le premier homme à marcher sur la Lune.

17 août 1969
Clôture du festival de Woodstock. C'est le triomphe du *Flower Power*, le mouvement hippie qui prône la musique, l'amour et la paix.

2 janvier 1970
Le SMIC permet à des millions de salariés de voir leur pouvoir d'achat fortement progresser.

18 septembre 1970
Décès du guitariste Jimi Hendrix, une des icônes du mouvement hippie. Le 4 octobre, la chanteuse Janis Joplin décède d'une surdose d'héroïne.

11-13 juin 1971
Congrès du parti socialiste à Épinay. Baptisé « Congrès d'unification des socialistes », il permet à François Mitterrand de devenir premier secrétaire du parti.

22 janvier 1972
Créée en 1957, la CEE passe de six à neuf membres avec l'adhésion du Royaume-Uni, de l'Irlande et du Danemark.

26 mai 1972
Signature du traité sur la circulation entre la RDA et la RFA : premier traité conclu entre les deux États, il permet à des millions d'Allemands de fêter leurs retrouvailles.

5 septembre 1972
Prise d'otages sanglante aux Jeux olympiques de Munich. L'organisation palestinienne Septembre noir assassine onze athlètes israéliens.

L'astronaute américain Neil Armstrong, dans la visière de son compatriote Edwin Aldrin.

ques pas !... Pour la première fois sans doute dans l'histoire de l'humanité, on a marché sur la Lune ! » Ces mots-là avaient été prononcés près de vingt ans auparavant. Pour le coup, les « grands » furent bien obligés d'admettre qu'il y avait quelque chose de visionnaire chez Hergé…

Ce fut un grand show. Cet été-là, nous étions comme chaque année en vacances à la mer. Une certaine fébrilité régnait dans le salon. Je ne sais plus très bien combien nous étions, agglutinés devant le téléviseur, malgré l'heure tardive ou très matinale, c'est selon (aux alentours de 4 h). Un instant magique, qui a dû marquer à jamais ceux qui l'ont vécu en direct – il paraît

De 11 à 14 ans

que nous étions 500 millions devant notre téléviseur.

Dans les mois suivants, nous serons nombreux à posséder des miniatures du *LEM*, le module lunaire en forme de grosse araignée qui n'avait absolument rien à voir avec la fusée de Tintin. Je suis néanmoins resté fidèle à mon héros préféré, dont les péripéties sur la Lune étaient autrement plus haletantes que celles vécues par les astronautes américains. Ces derniers, au final, n'avaient passé que quelques heures sur l'astre mort, quand Tintin et ses compagnons y avaient séjourné plusieurs jours, le temps d'une aventure extraordinaire.

Du côté de chez Goethe… et de Willy Brandt

La parenthèse germanique n'allait finalement durer que peu de temps. Nous habitions un lotissement sans charme, situé en bout de piste d'une base de l'OTAN. À heures régulières, le ciel s'obscurcissait brutalement, tandis qu'un bruit assourdissant me clouait sur place : un bombardier américain B-52 venait de décoller. Pendant de longues minutes la vie s'arrêtait, comme si les trompettes de l'Apocalypse s'étaient mises à sonner la fin du monde !

Dans cette même base aérienne, je passais des heures à jouer aux machines à sous et à manger des glaces. Entre le passage de deux forteresses volantes, je donnais vie à des centaines de soldats miniatures de la marque Airfix, des guerriers lilliputiens dont la petite taille (environ 2,5 cm) permettait d'aménager de vastes champs de bataille. La guerre donc, à l'échelle 1/72e : poilus de la Grande Guerre, Afrika Korps contre Rats du désert, Wehrmacht contre

Un bateau qui ressemble à l'arrière d'une Trabant… Il faudra tôt ou tard se remettre à pédaler !

Armée rouge… J'avais définitivement délaissé les cowboys et les Indiens, par trop romantiques, au profit de combattants pléthoriques et monstrueux. À l'image sans doute des GIs que l'on croisait en grand nombre, mais aussi des combattants du Vietnam que l'on voyait à la télévision.

Et les Allemands dans tout ça ? On les fréquentait assez peu à vrai dire. La barrière linguistique sans doute, mais surtout la difficulté pour ma mère d'aller vers l'autre, l'ennemi, même vingt-cinq ans après la fin de la guerre et alors que la RFA était gouvernée par un chancelier social-démocrate, notoirement anti-nazi. Un jour, victime d'une sévère infection qui causa alors plusieurs décès, je fus hospitalisé et placé dans le service des maladies contagieuses. Ce fut l'occasion de faire connaissance avec des enfants et le personnel hospitalier, ce dernier se montrant d'autant plus attentif que j'étais le petit *Franzose*. Quelques jours qui bouleversèrent ma vie et m'ouvrirent les yeux : non, décidément, tous les médecins allemands n'avaient pas vocation à être maudits.

Colonel Boris, agent trouble

L'aventure spatiale version Tintin possède un atout majeur : outre une réelle dimension épique, elle se vit comme un roman policier, avec espions, traîtres, suspense et rebondissements. Dès le premier épisode de la saga (Objectif Lune), la mission lunaire est parasitée par des agents à la solde d'une puissance étrangère. Après un premier échec, ils sont à deux doigts de faire coup double : s'emparer de la fusée lunaire, et de leur pire ennemi… Tintin ! Fort heureusement, la sagacité légendaire de ce dernier lui permet de neutraliser l'infâme colonel Boris, traître syldave au service de la dictature bordure, et de ramener la fusée à sa base de départ. La conquête spatiale – la vraie – a bien évidemment aiguisé les tensions entre

Américains et Soviétiques, les uns et les autres se livrant une guerre de l'ombre sans merci. L'enjeu, en effet, relevait autant de la compétition scientifique que de l'affrontement idéologique. Cela a commencé avec les premiers vols habités, à la fin des années cinquante. Après avoir échoué à envoyer le premier homme dans l'espace, la NASA tente de battre son ennemi soviétique dans la course à la Lune. Les États-Unis investissent des sommes colossales dans le programme Apollo, tandis que l'URSS, qui n'a pas les moyens de suivre, se lance dans le programme Soyouz de vols habités, tout en travaillant à un projet de station orbitale (la station Mir sera mise en orbite en 1986).

Le nouveau président de la République, Georges Pompidou, acclamé par ses partisans.

La prof d'anglais et la mini

D'un commun accord, mes parents décidèrent de rentrer en France, juste à temps pour que je puisse faire ma rentrée au collège. Aux dires des plus grands, la vie au collège et au lycée avait radicalement changé. Mai 68, paraît-il, était passé par là… Voire. Côté indépendance, il est vrai que la transition de l'école primaire à la sixième sonnait comme une libération. Pas question toutefois de quitter l'établissement en journée sans présenter son carnet au pion de service – mais faute d'avoir le sésame, il suffisait de profiter d'une certaine agitation pour tromper l'attention du cerbère, ou de choisir la voie des airs (un muret à franchir sur quelques mètres).
Le changement le plus important fut l'allègement du temps scolaire qui, grâce à la suppression du samedi après-midi, était passé de trente à vingt-sept heures

hebdomadaires. Et comme j'avais musique et éducation physique (ou plus simplement « gym ») le samedi, cette dernière journée d'école me paraissait bien légère.

Si les enseignants n'avaient pas tous pris le train du changement en marche – la prof d'histoire avait cet air de « vieille fille » encore si répandu –, du moins les plus jeunes faisaient-ils souffler un air nouveau. Ainsi la prof d'anglais, jeune femme jolie et sympathique, n'avait-elle pas hésité à me faire monter dans sa voiture (une Austin mini terriblement à la mode) pour me rapprocher de chez moi.

De retour à la maison, si les devoirs étaient, bien sûr, prioritaires, il restait toujours du temps pour les copains, pour écouter de la musique ou jouer à l'apprenti preneur de son avec les minicassettes. Combien d'heures ai-je pu passer à m'enregistrer, passant tour à tour de l'animal éructant au chanteur de rock ! Et puis, il y avait encore et toujours la télévision, qui était récemment passée à la couleur. Une fenêtre extraordinaire sur le monde même si, durant les premières années, l'image prenait beaucoup de libertés avec la palette – le rouge tirant sur l'orange et le noir sur le violet.

■

Le B-52, arme de destruction massive

Plus de vingt tonnes ! C'est autant de bombes que peut transporter un B-52 Stratofortress, sans doute le bombardier le plus célèbre de l'histoire de l'aviation militaire. Il fut engagé la première fois dans le conflit vietnamien, lorsque Washington prit la décision de frapper durement le Nord communiste (opération Rolling Thunder, 1965). Durant les mois qui suivirent, les raids aériens se multiplièrent, ciblant les centres névralgiques ainsi que les infrastructures, de la frontière laotienne au golfe du Tonkin, aussi bien Hanoï que le port d'Haiphong.

Le but était clair : il s'agissait non seulement de briser le potentiel militaire et économique de l'ennemi, mais aussi de terroriser la population. Une stratégie radicale, que l'US Air Force mit en œuvre de la manière la plus brutale, en couvrant le pays de « tapis » de bombes, parfois incendiaires (napalm) ou chargées de produits chimiques (défoliants). Au total, les B-52 larguèrent 25 000 tonnes de bombes sur le Vietnam du Nord en moins de dix ans. Une stratégie de la terreur inutile, puisqu'elle ne parvint pas à ses fins – elle souda au contraire la population et renforça le régime communiste – ; et criminelle, puisqu'elle causa la mort, directement ou indirectement (blessures au napalm et effets à retardement des produits chimiques), de plusieurs centaines de milliers de personnes, majoritairement des civils.

De 11 à 14 ans

Les enfants grandissent mais les traditions restent : le sapin de Noël n'a rien perdu de sa magie.

D'une rive à l'autre

Nous quittions les rives du Rhin pour celles de la Garonne. Changement de climat, mais aussi de décor : d'une zone urbanisée, nous passions à un bourg de campagne ! L'esprit de 68 n'était manifestement pas parvenu jusqu'ici. Commérages et ragots allaient bon train, rendant dérisoire le concept de vie privée. Au collège, on continuait à subir l'arbitraire du principal et de certains enseignants, qui n'hésitaient pas à gifler les élèves récalcitrants. Heureusement, je m'étais rapidement fait de bons copains. Parmi eux, un gitan scolarisé épisodiquement, qui passait son temps entre la France et l'Espagne – d'où un retard scolaire conséquent.

Celui-ci avait jeté son dévolu sur une fille en pension au collège. Puisqu'il était inconcevable de vivre une idylle dans l'enceinte de l'établissement, il restait la sortie hebdomadaire, le jeudi, bien encadrée. J'étais ainsi devenu son agent de liaison, chargé de transmettre les messages et éventuellement de faire diversion. En retour, j'avais l'insigne honneur d'être invité au camp et de partager le quotidien des manouches. Un autre monde, un voyage dans le temps ; une communauté à la fois distante et accueillante, qui semblait beaucoup s'amuser de la visite du petit *gadjo*. J'ai ainsi gardé intact le souvenir des enfants espiègles, des hommes fiers et des jeunes femmes insolentes, un peu sauvages et terriblement séduisantes ! Intact aussi le souvenir des Ducados, les cigarettes espagnoles qui circulaient le plus dans la région.

Premières cigarettes donc. Premiers flirts aussi, sur l'air de « Non, non, rien n'a changé » des Poppys, mon tube préféré du moment. Et pendant ce temps-là, Michel Polnareff montrait ses fesses sur l'affiche de son nouveau spectacle. Une invitation à partir à la découverte d'un univers, où je n'avais fait qu'une timide incursion.

Le printemps venu, on enfourchait les vélos pour de longues balades en campagne, avec un lieu de prédilection et de ralliement : un trou d'eau alimenté par une petite cascade qui fournissait une bonne occasion de mélanger filles et garçons, parfois en tenue d'Ève et d'Adam.

Le socialiste François Mitterrand, ici au congrès d'Épinay, se pose en adversaire de la droite.

Cache-poussière, pattes d'eph' et cheveux longs

Si Mai 68 avait ouvert la voie à la contestation de l'ordre moral, il avait fallu attendre encore quelques années pour que les choses bougent dans la vie quotidienne. J'avais notamment eu le plus grand mal à faire accepter mes cheveux longs à ma mère. Dans le même temps, les coiffeurs étaient devenus d'autant plus obsolètes qu'ils n'avaient pas la compétence (ni l'envie) de couper les cheveux de garçons « qui ressemblaient à des filles » (sic). C'est ainsi qu'à l'âge de quatorze ans, j'ai pris l'habitude de pousser la porte des salons pour dames…

Il en est allé ainsi pour les questions vestimentaires. Le moins qu'on puisse dire, c'est que ma famille n'a jamais été très *fashion*. Or cela ne pouvait plus durer. En ce début des *seventies*, le pantalon à pattes d'éléphant (pattes d'eph') faisait la conquête de la jeunesse, en même temps que le jeans achevait la sienne. Autant dire que porter un jeans pattes d'eph vous mettait tout de suite en valeur ! Autre élément vestimentaire révolutionnaire : le t-shirt imprimé. Mais au-delà de la difficulté de s'en procurer, il fallait ensuite le faire accepter par les parents, puis – et c'était là le plus délicat – affronter le regard inquisiteur des passants ! Quant au cache-poussière, ce long manteau immortalisé par le film de Sergio Leone *Il était une fois dans l'Ouest* (1968), je n'ai au final jamais pu l'obtenir.

Pattes d'eph' à tout va.

Le guitariste de rock Jimi Hendrix, lors de l'un de ses derniers concerts.

Longues aussi étaient les aubes des communiant(e)s. Au début du mois de juin, la classe se vidait des élèves qui partaient faire leur retraite, quelques journées de préparation spirituelle avant le grand jour, la communion solennelle. À vrai dire, on était un peu jaloux, surtout si la météo était au beau fixe. Et puis il y avait aussi les cadeaux, montres, stylos et autres livrets de Caisse d'épargne, qui accompagnaient la cérémonie et le repas de famille. La vision de ces filles et garçons, d'ordinaire délurés et effrontés, soudain la mine sérieuse, le cheveu bien peigné, revêtus de leur aube immaculée, était quasiment surréaliste. Cette parenthèse, toutefois, ne durait que le temps d'un dimanche ensoleillé, avant que jeans et t-shirts ne reprennent leurs droits.

Lors des Jeux olympiques de Munich, des terroristes palestiniens prennent en otage des athlètes israéliens.

49

De 11 à 14 ans

Le festival pop de Woodstock, aux États-Unis, du 15 au 17 août 1969.

Les années pop

Si l'on appréciait bien sûr les stars du rock, Beatles et Stones en tête, on se reconnaissait plus volontiers dans la pop. À treize ans en effet, au début des années soixante-dix, le rock avait un côté dur, distant, en un mot « adulte » – les festivals de Woodstock en 1969, ou de l'île de Wight en 1970, concernaient plutôt la génération de nos grands frères et sœurs.
Quand, en 1970, les Poppys enregistrent leur premier 45 tours (on ne parlait pas encore de single), c'est une petite révolution dans le monde de la chanson. Les adolescents sont rapidement conquis par ces garçons, qui chantent, en français et sur des rythmes résolument modernes, des textes où il est question d'amour, de fraternité et de paix. « Non, je ne veux pas faire la guerre… » (1970) et « Non, non, rien n'a changé » (1971), débarquent en pleine guerre du Vietnam : « Mais j'ai vu tous les jours à la télévision, même le soir de Noël, des fusils, des canons… » Polnareff de son côté, avec ses chansons suaves et ambiguës (« La poupée qui fait non », « L'amour avec toi »), s'attaque frontalement à la société bien-pensante : « Il est des mots qu'on peut penser / mais à pas dire en société. / Moi je me fous de la société / et de sa prétendue moralité… » Ses provocations, notamment à l'occasion de son spectacle « Polnarévolution », lui coûteront cher (censure, agressions, dépression, cure de sommeil…) et l'amèneront, en 1973, à quitter la France pour les États-Unis.

Souriants et décontractés. On est entré dans les années cool de l'insouciance et des rêves.

1973-1976
« Amour libre », drogues et dictatures

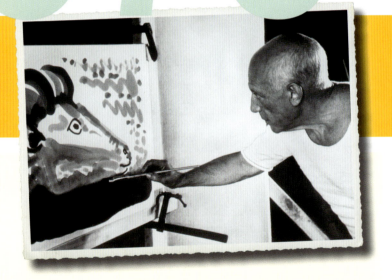

Pablo Picasso en 1955 dans *Le Mystère Picasso* d'Henri-Georges Clouzot.

Nous sommes tous des révolutionnaires chiliens

Un mois de septembre plombé par la chaleur et la sécheresse, un emménagement morose dans un appartement sans charme de la banlieue parisienne, une rentrée dans un lycée inachevé, au milieu de nulle part et peuplé d'inconnus : j'avais toutes les raisons objectives de déprimer ! Paradoxalement, c'est une mauvaise nouvelle qui me donnera un coup de fouet salvateur : l'annonce, le 11 septembre 1973, d'un coup d'État au Chili. Je n'étais pas particulièrement

Chronologie

6 avril 1973
Sans doute le plus grand artiste du XXe siècle, Picasso s'éteint à l'âge de quatre-vingt-onze ans.

11 septembre 1973
Au Chili, le général Pinochet s'empare du palais de La Moneda et assassine le président socialiste Salvador Allende.

Octobre 1973
L'Égypte et la Syrie lancent une attaque contre Israël lors de la fête du Yom Kippour. La guerre du Kippour entraînera une flambée des prix du pétrole.

2 avril 1974
Très malade, Georges Pompidou décède à soixante-deux ans. Lui succède Valéry Giscard d'Estaing, élu président de la République le 19 mai.

25 avril 1974
Révolution des Œillets au Portugal : l'armée renverse le dictateur Salazar et instaure la démocratie.

5 juillet 1974
La majorité civile passe de vingt-et-un à dix-huit ans.

24 juillet 1974
Instaurée en 1967, la dictature des colonels prend fin et permet à la Grèce de retrouver la démocratie.

13 avril 1975
Une fusillade à Beyrouth marque le début des affrontements interconfessionnels au Liban.

30 avril 1975
Les troupes nord-vietnamiennes entrent dans Saigon, marquant la victoire des communistes et la fin de la guerre du Vietnam.

9 octobre 1975
Andreï Sakharov reçoit le prix Nobel de la paix. Dissident soviétique, le physicien dénonce les violations des droits de l'homme en URSS.

1er avril 1976
Création de la société Apple, qui lance le premier ordinateur individuel.

20 juillet 1976
La sonde américaine *Viking* transmet les premières images de Mars, la « planète rouge ».

Quelque part en grande banlieue. La grimace n'est peut-être pas due uniquement au soleil.

politisé, cependant je me suis d'emblée senti solidaire et ému, émotion partagée aussi bien par les élèves que par bon nombre d'enseignants. Les « anciens » (premières et terminales) se sont mobilisés immédiatement, comme ils l'avaient fait quelques mois plus tôt lors des manifestations contre la loi Debré, un texte controversé qui limitait le sursis pour le service militaire à vingt-et-un ans. Emporté par un vent de révolte, j'ai rapidement oublié mes tracas et je me suis lancé dans l'action révolutionnaire : assemblées générales (AG), manifestations, collage d'affiches, concerts de protestation… c'était un mélange de Woodstock et de Front populaire !

De 15 à 18 ans

Guerre du Kippour : des soldats égyptiens au Sinaï.

Le prof d'espagnol a rapporté des disques de Victor Jara, figure emblématique de la gauche chilienne, assassiné quatre jours après le coup d'État : « *Nos imponen militares para sojuzgar los pueblos, dictadores, asesinos, gorilas y generales* » (« Ils nous imposent des militaires pour dominer les peuples ; dictateurs, assassins, gorilles et généraux », « Zamba del Che », 1969).

Côté famille, l'ambiance était assez délétère. Échecs professionnels et rancœurs avaient rendu mon père amer, tandis que mon antiaméricanisme viscéral ne faisait qu'accentuer un sentiment d'incompréhension déjà bien ancré. Quant à ma mère, de déracinement en déracinement, elle s'était temporairement mise aux abonnés absents. J'avais donc une fâcheuse tendance à rester cloîtré dans ma chambre pour écouter David Bowie, Neil Young ou Maxime Le Forestier (« C'est une maison bleue… »). Le reste du temps, j'étais en vadrouille chez des copains ou des copains de copains, et tout en élargissant mon espace relationnel, je multipliais les expériences (vous avez dit herbe bleue ?).

Révolutions, CIA et Watergate

C'était un secret de polichinelle : le renversement du gouvernement socialiste de Salvador Allende par les putschistes chiliens, le 11 septembre 1973, avait été, sinon organisé, du moins orchestré par la CIA. Sous le gouvernement du républicain Richard Nixon, réélu en 1972, les États-Unis ont clairement identifié leurs ennemis : les gouvernements de gauche sud-américains. L'échec patent du conflit vietnamien – en janvier 1973, les États-Unis sont forcés de signer les Accords de paix de Paris, qui annoncent un retrait américain du Vietnam et l'abandon du Sud à son sort – et la politique de détente engagée avec l'URSS et la Chine, laissent les mains libres à Washington en Amérique latine. Nixon et son « âme damnée », le secrétaire d'État Henry Kissinger, considèrent que dans cette guerre idéologique, tous les coups sont permis. Dotée de moyens exceptionnels, la CIA devient ainsi le meilleur auxiliaire d'une administration qui considère que, la fin justifiant les moyens, même les droits de l'homme les plus élémentaires peuvent être bafoués. Le scandale du Watergate, qui forcera Nixon à la démission le 9 août 1974, n'infléchira en rien une politique de déstabilisation menée au nom des intérêts du prétendu monde libre. Une politique qui mettra durablement le continent sud-américain à feu et à sang, ouvrant grand la voie à tous les trafics, notamment celui de la drogue.

Augusto Pinochet et la junte chilienne en septembre 1973, lors du coup d'État.

Au café après les cours.

Broadway Melody of 1974

Les soubresauts de Mai 68 n'avaient pas fini de bouleverser notre vie. Le lycée était devenu un laboratoire d'idées neuves, dans une atmosphère de joyeuse pagaille. Au foyer les discussions allaient bon train, dans une ambiance déjantée et enfumée digne du film L'Arnaque (1973). On se réclamait d'une communauté de pensée et d'action – « citoyens du monde » – tout en cultivant des racines culturelles et/ou régionales. Un paradoxe qui ne nous dérangeait guère, l'époque étant alors au mélange des genres et des expériences. C'est ainsi que « le Breton » faisait résonner sa bombarde dans la cour de l'établissement, tandis que « l'Arabe », vêtue d'une longue robe imprimée, nous gratifiait d'une danse orientale sur les tables de classes, désespérément vides. Le tout sans aucun esprit sectaire, bien au contraire. À l'extérieur, on se retrouvait dans un café suffisamment proche du lycée pour s'y rendre rapidement, mais aussi suffisamment éloigné pour bien signifier notre aversion envers l'institution, et dénoncer l'insupportable « flicage » de l'administration.

À y bien regarder cependant, le mélange n'était qu'apparence, illusion. Par exemple, les élèves du CET (collège d'enseignement technique) voisin, socialement distincts (majoritairement issus de familles ouvrières), fréquentaient un autre bar-tabac, et pas seulement pour des raisons géographiques. Comme nous, ils marchaient au café, à la bière et à la cigarette roulée (le Samson et le Drum avait la cote), jouaient au baby et au flipper (« clac », faisait la partie gagnante) et mettaient des pièces dans le jukebox. Pourtant, il semblait impensable que les uns fassent un pas en direction des autres. Comme quoi Mai 68, Woodstock et la mobilisation lycéenne n'avaient pas aboli les distinctions ni gommé les différences.

Petit dernier, je me suis retrouvé séparé de mes frères et sœurs vers quinze ans. Nous nous retrouvions à différentes occasions, pour aller à la campagne, aux puces de Clignancourt ou au concert – comme à celui, magique, de Genesis en 1975 au Palais des Sports de la porte de Versailles. Déjà grand admirateur de leur double album (mythique !) *The Lamb lies down on Broadway,* j'eus alors l'occasion de vivre mon premier vrai concert rock, au milieu d'un public totalement conquis et complètement stone !

« Sex, drugs and rock'n'roll »

Avec le lycée, les vacances avaient pris un tour très différent. S'il n'était pas encore question d'une entière autonomie, du moins l'étau familial s'était-il nettement desserré. J'avais gardé mes habitudes dans la station balnéaire où vivaient mes grands-parents, avec qui j'entretenais une relation chaleureuse – avec ma grand-mère, qui me comprenait d'autant plus que cela agaçait prodigieusement mes parents, on aurait même pu parler de connivence. Nous disposions d'un sous-sol aménagé (« la piaule ») où nous menions une vie de patachon, comme se plaisait à dire ma mère.

La plage ne constituait plus l'attrait principal. Si je m'y rendais évidemment avec les

Tous réunis sous les motifs sixties du parasol.

De 15 à 18 ans

GIs en patrouille dans la jungle vietnamienne.

amis, parisiens ou locaux, notamment en fin d'après-midi pour jouer au volley et se baigner, ou encore la nuit, je passais le plus clair de mon temps dans les cafés, chez les disquaires et dans la piaule. Le soir nous allions parfois en boîte, où l'on passait surtout de la musique funky, Barry White (« You're the first, the last, my everything »), Gloria Gaynor (« Never Can Say Good bye ») ou James Brown (« Sex Machine »).

Grâce à des organisateurs de concerts estivaux avec qui je m'étais lié d'amitié, je profitais de la gratuité des spectacles et de l'insigne honneur de fréquenter le *backstage*. L'occasion de côtoyer les musiciens, dont j'enviais alors ce que je considérais comme le *nec plus ultra* de la liberté : l'insouciance, la musique, le vagabondage, la drogue et les filles. Qu'il fût hard, heavy metal, progressif ou planant, le rock était devenu une raison d'être, une manière de vivre. Je fus toutefois un peu refroidi en voyant ce que l'alcool et la drogue pouvaient engendrer comme comportements délirants et agressifs. Le LSD *(acid trip)* s'était en effet « démocratisé » au point d'être distribué gratuitement lors de certains concerts ! Nous fûmes quelques-uns à prendre conscience des dangers d'une drogue hallucinogène, qui transformait les paradis artificiels en enfers. C'est ainsi que nous nous sommes éloignés de cet univers, sans toutefois renoncer à écouter les papes du psychédélique, Jefferson Airplane et le Grateful Dead entre autres.

Orphelins des trois « J »

En cet été 1967 – « Summer of love », comme le baptisèrent les participants, tous issus de la mouvance hippie –, des milliers d'amateurs de drogues en tous genres s'étaient donnés rendez-vous à Haight-Ashbury, un quartier branché de San Francisco (le mouvement Beatnik y avait élu domicile dans les années cinquante). Deux ans avant Woodstock, une jeunesse nourrie à la marijuana et au LSD accourut de tout le pays pour participer à plusieurs jours de concerts gratuits et d'amour libre.

Depuis les années quarante, on connaissait les effets hallucinatoires de l'acide lysergique. Cette drogue de synthèse se répandit dans le milieu artistique, qui vantait les expériences vécues sous acide : peintres et écrivains, parmi lesquels Aldous Huxley (Le Meilleur des mondes), Jack Kerouac et Allen Ginsberg, les initiateurs de la Beat Generation, ainsi que différents acteurs et chanteurs. Très rapidement toutefois, on prit la mesure des dangers que représentait une substance pouvant causer des lésions cérébrales irréversibles, tandis que l'état dépressif des consommateurs débouchait parfois sur des suicides. Le décès brutal et rapproché (1970-1971) de trois idoles d'une génération, Janis Joplin, Jimi Hendrix et Jim Morrison, a jeté le trouble et l'opprobre sur les drogues dures. Si aucun d'eux n'est mort d'une surdose de LSD (héroïne pour Janis Joplin), il reste que cette drogue connut un sérieux reflux, avant un retour en force dans les années quatre-vingt-dix.

« Prolétaires de tous pays… faites l'amour, pas la guerre »

La musique, la fête, les délires, tout cela ne nous empêchait pas d'étudier. Hormis quelques matières pour lesquelles certains d'entre nous n'éprouvaient aucun attrait – en ce qui me concerne, les maths, la physique-chimie et les sciences naturelles –, les autres cours étaient l'occasion de discussions, de débats et de polémiques. L'histoire notamment, qui faisait la part belle aux conflits mondiaux et à la guerre froide, dans laquelle on baignait depuis notre petite enfance ; la philosophie bien sûr, où l'on pouvait enfin aborder le thème de la sexualité autrement que

La « révolution en marche » n'interdisait pas de passer du bon temps en famille.

De 15 à 18 ans

par le biais de la « reproduction des espèces » (merci Freud) ; les langues aussi, qui nous permettaient de nous pencher sur des textes pas toujours très orthodoxes (Ginsberg, Bukowski ou Dylan).

On avait la conviction que toute cette agitation intellectuelle ne pourrait déboucher que sur un monde meilleur, plus juste. La fin de la guerre du Vietnam, par exemple, signifiait moins pour nous la victoire du communisme que la défaite d'une puissance arrogante, et plus encore la fin des souffrances d'un peuple. En revanche, il faut bien reconnaître que concernant la guerre du Liban, il était difficile de distinguer les « bons » des « méchants », sauf à considérer qu'il ne pouvait s'agir que d'une énième manipulation américaine…

Peu de lycéens étaient encartés dans des partis politiques, à l'exception notable des Jeunesses communistes, très actives dans les « banlieues rouges ». Le Front national n'était alors qu'un groupuscule, et ses militants, au demeurant fort peu nombreux, avaient le plus grand mal à interpeller une jeunesse à qui les problèmes posés par la présence d'étrangers demeuraient obscurs. À vrai dire, la question qui agitait le landerneau lycéen était celle de l'action directe, cette forme de combat politique menée par la Fraction armée rouge en Allemagne et par les Brigades rouges en Italie. Etait-il légitime de déclencher une lutte armée, qui risquait de radicaliser les gouvernements bourgeois et de justifier la répression policière ? En ce qui nous concernait, nous en étions restés au *Flower Power*, une attitude petite-bourgeoise que méprisaient les membres de la bande à Baader, des révolutionnaires moins drôles à nos yeux que les anars de la bande à Bonnot !

L'armée libanaise dans Beyrouth pendant la guerre civile de 1975.

La Meilleure Façon de marcher

La Grande Bouffe *(1973)*, Les Valseuses *(1974)*, L'Une chante, l'Autre pas *(1976)* : le point commun à ces trois films ? Chacun à leur manière, ils ont bousculé les conventions et les bonnes mœurs, en abordant sans fards la sexualité bien sûr, mais aussi les relations hommes / femmes ainsi que le rapport au travail. Dans les années soixante, la Nouvelle Vague avait revivifié un 7e art poussif, mélodramatique et trop conventionnel. Dix ans plus tard, les dernières barrières volaient en éclats sous les coups d'un cinéma qui associait critique sociale et libération sexuelle. La contraception, le féminisme (le MLF fut fondé en 1969), le droit à l'avortement (la loi sur l'IVG date de 1975), le militantisme homosexuel (naissance en 1971 du FHAR, Front homosexuel d'action révolutionnaire)… le contexte est alors favorable à une créativité débridée.

Dans le même temps, l'amour libre, favorisé par la mixité et l'éclatement de la cellule familiale, continuait sa révolution tranquille commencée dans les années soixante (c'est le SIDA, apparu dans les années quatre-vingt, qui y mettra fin brutalement). Les jeunes adultes ne considèrent plus la vie comme tracée d'avance, de l'école à la retraite, en passant par le mariage, la fidélité, la vie commune et le train-train quotidien (le fameux métro-boulot-dodo des salariés de la région parisienne)… usque ad mortem ! Un petit vent d'anarchie s'était mis à souffler sur une France décidément trop coincée, et c'était à nous d'inventer la meilleure façon de marcher (titre d'un film de Claude Miller, sorti en 1976).

Passe ton Bac d'abord

Elle s'appelait Fatiha, un prénom en forme de porte-bonheur (il signifie « début », « ouverture ») et un pied de nez à mes parents et à la bonne société. Comme pour la plupart des jeunes de l'époque, cette première expérience fut vécue pendant les vacances d'été. On s'affichait crânement *Peace & Love*, mais la sexualité restait pour beaucoup d'entre nous *terra incognita*. On s'en tenait générale-

Premiers flirts.

61 — De 15 à 18 ans

À la conquête de l'univers. Vue de Mars depuis la sonde américaine *Viking 2* (juillet 1976).

ment à des flirts, parfois assez poussés, comme si le pas supplémentaire – en vérité un grand saut dans l'inconnu – requerrait des conditions exceptionnelles.

On commençait à s'échanger des revues pornos scandinaves plus ou moins discrètement, tandis que le cinéma connaissait une brève fenêtre de tir entre 1974 et 1976. Tout cela était très ludique. Nous étions allés, garçons et filles, à une séance tardive où l'on projetait un film plus drôle que vraiment pornographique. C'était en été, et la salle accueillait un public bigarré, bon enfant, loin de cette faune qui s'enfermerait bientôt dans les salles obscures des cinémas X... Quoi qu'il en soit, cela ne nous détournait pas de notre conception romantique des relations amoureuses, qui plaçait les sentiments et le plaisir sur un pied d'égalité. D'un autre côté, nous n'imaginions pas une seconde que notre petit(e) copain (copine) pourrait devenir un conjoint pour la vie ! Nos frères et sœurs aînés avaient parfois vécu des histoires d'amour précoces, qu'une union précipitée, bricolée ou forcée avait transformées en enfer. Enfants de Mai 68, nous abhorrions le mariage et tout ce qu'il représentait : la soumission (surtout pour les filles), la routine, l'embourgeoisement.

Malgré l'injonction parentale (*Passe ton bac d'abord* est aussi le titre d'un film de Maurice Pialat sorti en 1978), j'en fus quitte pour un échec au bac. Je le vécus alors plutôt comme une libération, une péripétie dans mon parcours – n'ayant pas vraiment choisi cette filière D qui me pesait (maths, physique, sciences naturelles), je profitai de l'occasion pour rejoindre les A, les littéraires, plutôt déconsidérés. J'obtins donc le bac l'année suivante, sésame (fameuse feuille rose), qui m'ouvrait l'université...

Il faudrait encore attendre pour que ce siècle à bout de souffle rende l'âme dans la confusion et l'errance ; celles de la lutte armée, du sida, de l'effondrement du communisme – et plus généralement des idéaux libertaires – et du cynisme. Reste à savoir si les enfants de 1958 n'auront été au final que de médiocres passeurs de mémoire, ou au contraire les artisans d'un monde nouveau, bricolé à partir de ce que cette génération aura fait de mieux. Une société hybride, faite d'un peu de Wong Kar-Wai, de Michael Jackson, de Dominique Voynet, de Jan Fabre, de Tim Burton, d'Anna Politkovskaïa... tous nés en 1958.

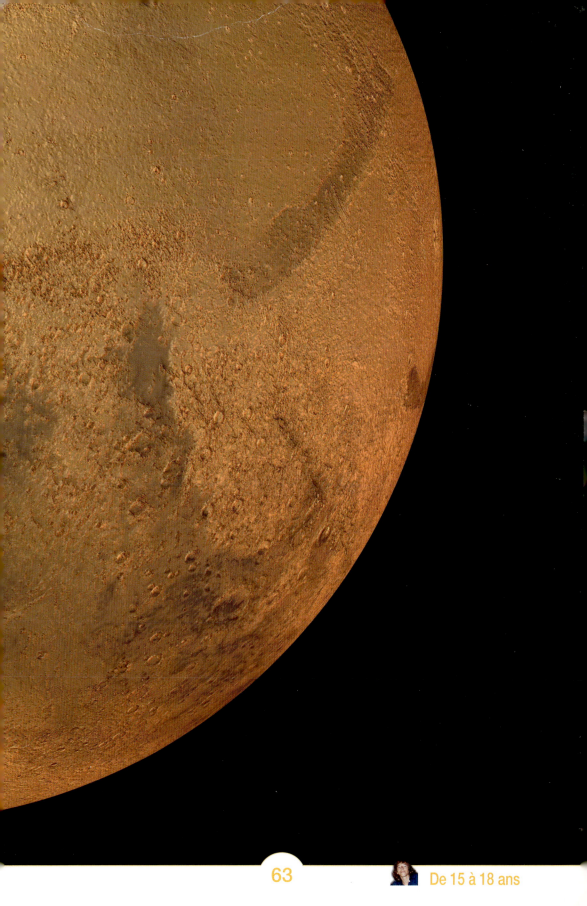

Souvenez-vous de vos **premières années...**

Nous, les enfants de...

  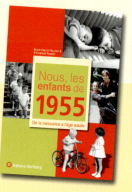  

54 titres, **de 1929 à 1982**, sont **déjà disponibles !**

Grandir à...

Notre ville d'origine est unique au monde !

Avec cette nouvelle collection, **retrouvez votre enfance et votre adolescence** dans le lieu qui vous a vu grandir.

 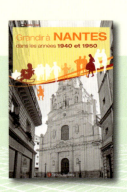 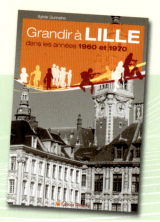 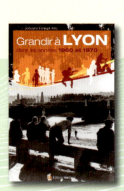

De nombreux autres titres sont en préparation. Pour plus d'informations, retrouvez-nous sur notre site : www.editions-wartberg.com

Éditions Wartberg
40, rue de l'Échiquier
75010 Paris

Diffusion – Distribution SOFEDIS
11, rue Soufflot,
75005 Paris
Tél. 01.53.10.25.25, Fax 01.53.10.25.26